흔들리다 끝날까 봐 겁이 납니다

흔들리다 끝날까 봐 겁이 납니다

I'm afraid that if I keep wavering, it's all over

안인숙

오송숲

차례

- 시인의 말

1부

흔들리는 것은 1   12
흔들리는 것은 2   14
시원한 바람을 만지면   16
젊음이라는 꼭짓점   18
실망   20
흔들리던 것은   22
바람 속을 걸어갈 때   24
뜨거운 여름에   26
흔들리다 끝날까 봐 겁이 납니다   28
숲은 잘 있었습니다   30
흔들리는 세상   32
빛이 많은 세상에   34

2부

탐스러운 수국꽃　38

둘이서　40

햇살 같은 웃음　42

봄에는　44

잠이 오지 않는 밤　46

가을이 오는 아침　48

맛있는 음식을 먹을 때마다　50

구름　52

무궁화 열차를 타고　54

어느 더운 날 밤　56

조조할인 영화　58

동반 1　60

동반 2　62

아침을 깨우는 바람　64

3 부

기억이란　68
바흐의 선율을 들으며　70
위로 5　72
쉼표(,)　74
소중한 하루　76
숟가락　78
가을이 오는 길목에서　80
여행 전　82
포용력　84
와인 한 잔　86
사랑의 뿌리　88
시를 쓰는 시간　90
놓친 마음　92

4부

존엄　96
나를 바람이라 하자　98
비 온 뒤 흐르는 구름　100
깨진 무릎　102
업데이트　104
아침에 새 지저귀는 소리　106
거리의 악사　108
침 맞으러　110
허무한 공기　112
풀 깍은 냄새　114
도각도각 하는 소리　116
필름 사진기　118
드라마를 정주행하고　120
눈이 녹을 때　124

■ 작품 해설　126

시인의 말

   나는 작은 고통에도 흔들렸고, 이런 약해빠진 뿌리와 가느다란 줄기를 지닌 자신이 싫었습니다. 그 무언가가 나를 잡아 주길 바랐지만, 신은 늘 나를 혼자 두었습니다. 흔들리도록.
   이번 시집을 내며 젊은 날의 저 자신과 이 시대를 살아가는 젊은이들 생각이 많이 났습니다. 분갈이를 한 식물이 분명 죽어가고 있었는데, 제자리를 잡았는지 다시 풍성한 잎으로 살아나고 있습니다. 오늘 하루에 감사합니다.

   제 부족한 시를 해설해 주신 존경하는 박효석 시인님께 깊이 감사드립니다.

2024년 11월

안인숙

Poet's Note

I used to be shaken by even the smallest pains, and I despised myself for having such weak roots and a slender stem. I wished for something to hold me, but God always left me alone. To waver.

As I publish this poetry collection, I find myself reflecting a lot on my younger self and the young people living in this era. A plant that had been repotted seemed to be withering away, yet, as if it found its place, it has come back to life with lush leaves. I am thankful for today.

I extend my deepest gratitude to the esteemed poet, Hyo Seok Park, for interpreting my humble poetry.

November 2024

In Suk Ahn

1부

흔들리는 것은 1

흔들리는 것은
고요와 저울질하는 상념(想念)

흔들리는 것은
바람에 흩날리는 머리카락과
그 끝에 매달린 미련

흔들리는 것은
야경의 불빛과
저 먼 하늘에서
희미하게 반짝이는 별빛

흔들리는 것은
굽이굽이
젊음의 골목길을
지나칠 때의 아득함과

망망대해에서
흔들리는 선상에
누워 바라보는
깊고 검은 하늘과 바다

That which wavers 1

That which wavers is
the thoughts balancing
against stillness

That which wavers,
hair blowing in the wind,
and the lingering
regret clinging to its ends

That which wavers,
the lights of the nightscape,
and the faintly twinkling
starlight in the distant sky

That which wavers,
the vague feeling
of passing through the winding alleyways
of youth

And on the open sea,
lying on a rocking deck,
gazing at the deep, dark sky and ocean

흔들리는 것은 2

흔들리는 것은
네 목소리와
내 눈빛

흔들리는 것은
비 오는 거리에
떨어지는 물방울과
빗소리에 희미해지는
네 모습

흔들리는 것은
낯설고도 낯익은
텅 빈 거리와
타인이 되어있는
나

흔들리는 것은
비 웅덩이에
비틀대는
내 발짓과
눈물짓는 하늘

That which wavers 2

That which wavers
is your voice
and my gaze.

That which wavers
is the raindrops
falling on the rainy street
and your image
fading in the sound of rain.

That which wawers
is the empty street,
both strange and familiar,
and myself, who has become a stranger

That which wavers
is my staggering footsteps
in a rain puddle
and the weeping sky.

시원한 바람을 만지면

시원한 바람을 만지면
솔솔 빠져나가요
산들바람
선풍기 바람
에어컨 바람
모두 솔솔 빠져나가요
바람이란 본디
만질 수 없지만
바람은 온몸으로
날 만지며 지나가요
솔솔
어쩔 수 없음이 그렇게 지나가길
혼탁한 슬픔이 그렇게 사라지길
솔솔

When I touch the cool breeze

When I touch the cool breeze,
It gently slips away—
The mountain breeze,
The fan's breeze,
The air conditioner's breeze,
All gently slip away
Though the breeze itself
Cannot be touched,
It passes over me
With it's whole existence
Gently
May the inevitable events pass like this,
May the murky sorrow disappear like this,
Breezily

젊음이라는 꼭짓점

젊음이라는 꼭짓점이
예리하게 심장을 찌를 때
얼마나 쉽게 아스러지는지
뭉개버리고 싶다
상심하면
또 서글픔으로
얼마나 쓰러져
울어야 할까

젊음이라는 지평은
매혹적이고도 넓어
한없이 설레지만
절망의 골짜기는
깊고 아픈데
봉우리에 우뚝 서 있는 젊음아
차라리 하늘을 보고 울어라.

The Vertex of Youth

When the vertex of youth
Pierces sharply through the heart
How easily it becomes broken
If you were to decide
That you want to crush the vertex,
With sorrow, once again
How much must you collapse
And cry?

The horizon of youth
Is wide and alluring,
Endlessly thrilling, yet
The valley of despair
Is deep and wrenching
Oh, youth, standing tall on the peak,
Look to the sky and cry, instead.

실망

길을 걸었다
온통 꽃이 꺾여 있었다
어둠을 뚫고
안개 젖은 새벽길을 지나다 보니
풀잎에 이슬이 눈물로 떨어진다
손끝에 스치는 차가운 눈물이
뜨거운 심장으로 흘러
정맥을 끊는다
붉은 심장이 꺾이고 떨어져 나간
길 위엔
한 청년이 쓰러져 있다
그대인지 나인지.

Disappointment

I walked down the path
All the flowers were broken
Piercing through the darkness
Walking through the misty dawn,
Dew drops fall like tears from the leaves
Cold tears brushing my fingertips
Flow into my burning heart
Severing the veins
On the path where a red heart has broken and fallen,
A young man lies collapsed
Whether it is you or me.

흔들리던 것은

흔들리던 것은
대책 없이
용기 있던 젊음
그리고 실패

흔들리던 것은
계획 없이 떠난
여행길에서 만난
소나기
그리고 그 짜릿함

흔들리던 것은
삶과 죽음의 경계에 섰던 기억
그리고 그 삶의 진동

흔들리던 것은
흔들리는 삶에 대한
용서와 눈물
그리고 살아남.

What wavered was

What wavered was
Youth, bold without a plan
And failure

What wavered was
A sudden shower met
On a journey taken without a plan
And that thrill

What wavered was
The memory of standing on the boundary
Between life and death
And the vibration of that life

What wavered was
Forgiveness and tears
For my wavering life
And survival.

바람 속을 걸어갈 때

바람이 많이 부는 날
바람 속을 걸어갈 때
흔들리는 나뭇결과
흔들리는 하늘
흔들리는 내 영혼을 봅니다

그 진동이
시원하게 내 육신을 훑고 지나가면
미세한 변화가
진동을 해서
작은 희망의 불씨를
지필 수 있지 않을까
상상하게 됩니다

바람 속에서 생각합니다
삶이란 무엇일까요
희망이란 무엇일까요

이렇게 나아가는 걸까요

Walking in the Wind

On a windy day
As I walk through the wind
I see the wavering wood grains,
The wavering sky
And my wavering soul.

When the vibrations
Coolly brush past my body,
A slight change
Vibrates through me,
Making me imagine
That a tiny spark of hope
Might be kindled.

I think amidst the wind:
Is this life?
Is this hope?

Is this how we move forward?

뜨거운 여름에

살을 찌를듯한 뜨거운 여름
타버릴 것 같이 숨이 턱 막히는 순간
구름 한 점이 머리 위로 지나가며 만드는
그늘

한낮에 뜨거운 도시를 걷다가
도로에서 나오는 열기에
후끈 숨이 가빠 올 때
큰 가로수 아래서 만나는
그늘

생각해 보면
고통에 목이 마른 순간
시원한 음료를 내밀어 준
누군가는 항상 있었습니다

시원하게 마시고
뒤돌아서서 잊고 살아가다가
그늘을 만나고 울컥합니다.

In the Scorching Summer

In the scorching summer
That feels like it will pierce my skin,
At the moment when I feel suffocated
As if I might burn,
A shadow cast by a cloud passing overhead.

Walking in the hot city at midday,
When the heat rising from the road
Makes me gasp for breath,
A shadow found under a large street tree.

When I look back on my times,
In moments of thirst from suffering,
There was always someone
Offering a cool drink.

I drank it coolly,
Turned away, forgot, and continued with life,
Then, when I find shade again,
Emotion wells up within me, just like today.

흔들리다 끝날까 봐 겁이 납니다

어둠 속
불빛 속에 고요히 있었습니다
불빛은 물방울로 떠다닙니다
무수한 물방울들이
흔들리며
몸에 부딪히자
터져버립니다
아프지 않았지만 겁이 납니다

흔들리다 모든 게
끝이 나는 게 아닐까

내가 도리어 물방울이 되어 움직입니다
터져 버리라고 마음속으로 되뇝니다

차라리 터져 버리라고
고요히 외치면
비겁한 마음이 소리 없이 터지며
허공 속으로 사라집니다

그렇게 모두 사라지는 걸까요

I'm afraid that if I keep wavering, it's all over

In the darkness,
I quietly lingered within the light.
The light floats as droplets.
Countless droplets,
Shaking,
Hit my body,
And burst.
They didn't hurt, but I'm afraid.

Will everything end
If it wavers?

Instead, I become a droplet and move.
I repeatedly tell myself to burst.

I quietly shout for it to finally burst,
And my cowardly heart silently bursts,
Disappearing into the void.

Will everything disappear like that?

숲은 잘 있었습니다

능소화 꽃이 지고 있었습니다
지는 꽃잎 위에 빗방울이 방울방울 맺혔는데
울고 싶어 하는 것 같았지만
난 잘 있어라고 말했습니다

발끝에 닿는 흙 내음은
빗물을 품고 촉촉하게
속내를 풍기고 있었지만
괜찮아라고 말했습니다

물을 흠뻑 먹은 나무 둥치들은
가지와 잎으로 생기를 전하느라
바쁘면서도
우울한 얼굴을 한 나를 쓰다듬어 주었습니다

숲은 잘 있었습니다.

The forest was just doing well

The trumpet vine flowers were falling.
Raindrops were forming on the falling petals;
They seemed like they wanted to cry,
But they said, "We're fine."

The scent of the earth touching my toes
Was moist from holding the rainwater;
It was exuding the inner fragrance of its heart,
But it said, "I'm okay."

The tree trunks, soaked with water,
Were busy spreading vitality
To their branches and leaves,
Yet they gently caressed my melancholy face.

The forest was doing well.

흔들리는 세상

내가 흔들리는지
세상이 흔들리는지
도무지 모를 때가 있습니다
아마 둘 다 흔들리고 있는지도 모릅니다
어떻게 중심을 잡아야 할까요
열심히 줄을 만들어 집을 짓고 있는
거미는 온 힘을 다해 매달리는 것이라고
하지만 힘을 빼라고 말하는 것 같습니다

거미줄이 바람에 흔들립니다
힘을 뺀 거미는 여러 가닥으로
줄을 지어 집을 만들고
용케 버티고 있습니다
그런 걸까요
흔들리는 세상에
흔들리며 살아남는 일이.

In the Shaking World

Is it me who is shaking
Or is it the world?
Sometimes, I simply can't tell
Perhaps both are shaking
How do I find my balance?
The spider, diligently spinning its web,
Seems to cling with all its might,
Yet it seems to say, 'Let go.'

The spider's web sways in the wind
The spider, having let go, spins its threads
Into a web from many directions,
And somehow, it endures
Is that what it is?
Surviving in a shaking world
By shaking along with it.

빛이 많은 세상에

환한 가로등
화려한 네온 사인
빛이 많은 세상

나도 불빛이 되어
거리를 수놓아야 할 것만 같습니다
가슴속에 음악이 들립니다
믿을 수 없이 고요한 음악이
섬세하게 손가락을 움직입니다

어디로 가야 하는지 알 수 없을 때
빛으로 떠돌지 않고
고요한 음악으로 떠돌고 싶습니다

모든 조명이 꺼진 깊은 밤
가슴에서 울리는
섬세한 음악이
어딘가에 닿는다면
아무 별 이어도 괜찮을 것 같습니다.

In a World Full of Light

Under the bright streetlights,
Amid the dazzling neon lights,
A world full of light

I feel like I must become a light too,
To adorn the streets
I hear music in my heart,
Unbelievably quiet music,
Moving my fingers delicately

When I don't know where to go,
Instead of wandering as a light,
I want to drift as quiet music

In the deep night when all the lights are out,
If the delicate music echoing in my heart
Reaches somewhere,
Any star would be just fine.

2부

탐스러운 수국꽃

꽃 송이송이
탐스러운 수국꽃

여러 송이가 어울려서
함박웃음을 짓고 있는
널
어떻게 꺾어 보고 싶다는
욕심을 부릴 수 있겠니?

풍성한 마음과 마음으로
어울려
활짝 웃어보고 싶다.

Lush Hydrangeas

Blossoms upon blossoms,
Lush hydrangeas

Clusters of blooms,
Smiling together in harmony
How could I ever bear the thought
To pluck you from this scene?

With abundant hearts,
I also want to smile brightly
Together as one.

둘이서

내 앞에 둘이서 걸어갑니다
내 옆으로 한 명이 지나쳐 갑니다
둘이서 산책하면
천천히 걷는 사람이 대부분
한 명이 걸어갈 땐
빨리 걷는 사람이 대부분
오리들도
둘이 선 유영하듯
시간을 천천히 따라갑니다
둘이라는 시간의 공간이
그들이 천천히 갈 수 있게
잡아주나 봅니다
사이좋아 보이는 노부부의 모습
다정한 친구나 연인의 모습
반려견과 함께 나란히 걷는 모습
둘이 보기 좋습니다
이런 모습을 관찰하며
천천히 걷는 내 발걸음이 흡족합니다

Together

They walk in front of me, together
One person passes by me
When two walk together,
Most couples walk slowly
When alone,
Many walk quickly
Even ducks,
When together,
Swim slowly as if following time
The time space created by 'together'
Seems to hold them, allowing them to go slowly
The sight of a happy elderly couple,
Close friends or lovers,
The sight of someone walking side by side
with their pet,
Together, they shine
In observing these scenes,
I am content with my own slow footsteps

햇살 같은 웃음

햇살 같은 웃음으로
그대 그늘에
빛을 내려
어둠이 물러나기를

햇살 같은 웃음으로
차가운 당신의 얼굴에
봄을 심고 싶습니다

혼자인 듯 느껴지는
쓸쓸한 날
발끝에 닿는 허무마저
녹아내리게 하며

그대 곁에서
따스한 눈빛으로
어깨에 내려앉는
위로를 전하고 싶습니다.

With a Smile Like Sunshine

With a smile like sunshine,
I wish to cast light
On the shadows in your life
And chase away the darkness.

With a smile as bright as the sun
I want to plant spring
On your cold, expressionless face.

During those lonely days
When it feels like you're alone,
I hope to melt away the emptiness
That haunts your every step.

By your side,
With warm eyes,
I wish to offer you the comfort
Of a shoulder to lean on.

봄에는

봄에는 땅을 밟아야 한다
온몸으로 푸른 새싹을 틔어
심장을 열 수 있도록

봄의 여신이
곁에 다가와
알록달록
화사한 꿈을 속삭일 수 있도록

익숙한 봄바람은
그리움을 싣고 와
새 생명으로 살갗을 스치며
무한한 위로를 보낸다

그리운 이여
사랑하는 이여
봄에는
땅을 밟고 일어서
봄이 되어 보자.

In Spring

In spring, we must tread the earth,
To awaken green shoots with all our being,
So that our hearts may open.

May the goddess of spring
Come close,
Whispering dreams,
Bright and colorful.

The familiar spring breeze
Carries with it longing
And brushes our skin with new life,
Sending boundless comfort.

To the one I miss,
To the one I love,
In spring,
Let us stand upon the earth
And become spring ourselves.

잠이 오지 않는 밤

간밤에 잠이 오지 않았어요
이유도 없이, 깊은 밤이 더 깊어질수록
잠은 멀어져만 갔어요

둥글고 포근한 푸바오의 얼굴을 떠올렸어요
동글동글, 그 모습이 나를 감싸주면
잠이 살며시 찾아올 것 같아서요

몸을 늘어뜨린 채 잠든 고양이를 상상해 봤어요
힘을 다 내려놓은 그 평온함 속에
내가 녹아들 수 있다면,
잠도 그 곁에서 머물 것 같아서요

한껏 착한 눈빛으로 꼬리를 흔드는 강아지가 떠올랐어요
그 순한 눈빛에 내 마음을 비추면
따뜻한 잠결이 나를 찾아올 것 같았어요

그런데 나는,
각지고, 쓸데없이 힘이 들어가고,
순하지도 않은가 봐요
그래서인지,
잠은 끝내 나를 피해갔어요.

A Sleepless Night

Sleep didn't come last night.
For some unknown reason, as the night deepened,
sleep drifted even farther away.

I pictured the round, gentle face of Fu Bao.
If that soft image could embrace me,
I thought sleep might quietly arrive.

I imagined a cat, relaxed and asleep.
If I could melt into that peacefulness,
sleep might stay by my side too.

I thought of a dog, wagging its tail with innocent eyes.
If those gentle eyes could mirror my heart,
I felt that warm sleep might come to me.

But as for me,
I'm angular, unnecessarily tense,
and perhaps not so gentle.
And so,
sleep ultimately avoided me.

가을이 오는 아침

내가 좋아하는 가을이
조용히 찾아올 것만 같은 아침

맑은 하늘, 청명하게 쏟아지는 햇살
뜨거운 낮을 예고하지만
가을이 성큼 다가오는 아침

아이스 아메리카노를 마시며
따뜻한 커피 향이
솔솔 나는 듯한데

지구는 둥글고,
시간도 돌고 돌아
좋아하는 계절이 다시 오는데
우리는 왜 서로에게서
점점 멀어져만 갈까

거울 속에 나는
근심하나 늘듯
깊은 주름 하나 느는데
시간아,
나는 돌아돌아 다시
나에게로 가고 싶구나.

The Morning of Autumn's Arrival

On a morning when it feels like
The autumn I love quietly approaches

Clear skies,
Sunlight pouring down bright and crisp
Though it hints at a scorching day,
Autumn steps closer this morning

Sipping iced Americano
I catch the gentle aroma
Of warm coffee drifting by

The Earth is round,
And time circles back again
As my favorite season returns
Yet why do we find ourselves
Drifting further apart?

In the mirror, I see worries accumulating
And a deepening wrinkle appears
Oh, time,
I wish I could circle back
And return to myself once more.

맛있는 음식을 먹을 때마다

맛있는 음식을 먹을 때마다
아름다운 풍경을 마주할 때마다
그대가 떠오릅니다

이 음식을 함께 나누며
환하게 웃는 얼굴을 보고,
나란히 걸으며
조용히 흘러가는 이야기를 듣습니다

그리움이란,
아마도 그런 것인가 봅니다
그 옛날 할머니가 아랫목에
따뜻한 밥 한 공기를 묻어 놓듯
가슴 깊이 품고 있는 것

사랑이란,
그런 것인가 봅니다
시간에 떠밀려
흘러가는 조각배 위에서도
서로를 바라보는 눈빛이라는 것을

Whenever I Eat Delicious Food

Whenever I eat delicious food,
Whenever I face a beautiful view,
I find myself thinking of you.

I imagine us sharing this meal,
Seeing your bright smile,
Walking side by side,
Listening to the quiet flow of our conversation.

Longing,
Perhaps, is like this.
Like how Grandma used to bury
A warm bowl of rice in the corner of the heated floor,
It's something one holds deep within their heart.

Love,
Perhaps, is like this.
In a small boat drifting with time,
It's in the gaze we share,
Knowing everything without words.

구름

해 질 녘,
뭉게구름이 서쪽 하늘에
아름답게 물들어 있습니다

두둥실 떠오른 구름이
붉고 오묘한 색으로 변해 가는 풍경을 보며,
나도 저 구름처럼
물들어 가고 싶다는 생각이 듭니다

서쪽 하늘에 가벼운 마음으로
아린 여운을 남기며 물들어 가다가
서서히 밤으로 스며들고 싶습니다

삶의 마지막이
그랬으면 좋겠습니다.

Cloud

At sunset,
cumulus clouds beautifully color
the sky to the west

As I watch the clouds floating softly,
transforming into hues of crimson and mystery,
I find myself wishing
to be painted like the clouds

With a light heart,
leaving behind a tender yet sorrowful trace
in the sky to the west,
I want to gradually blend into the night

I hope
the final moments of my life
will be like this.

무궁화 열차를 타고

여름,
무궁화 열차에 몸을 싣고 가면
시간은 푸르게 번져간다
젊고 화려한 산과 나무들,
눈길 닿는 곳마다
초록빛 숨결이 느껴진다
가슴속 뭉클한 젊음은
바람이 되어 나뭇잎을 살랑이고,
그 순간들이 뭉게구름 되어
하늘에 떠오른다

어느새
정류장에 닿았을 때,
가벼운 발걸음으로 내릴 수 있음에
감사하다.

On the Mugunghwa Train

In summer,
when I board the Mugunghwa train,
time spreads out in shades of green
The young and vibrant mountains and trees,
wherever my eyes rest,
I feel the breath of green
The tender and heartfelt youth within my heart
becomes the wind, gently rustling the leaves,
and those moments rise up,
transforming into fluffy clouds in the sky

Suddenly,
when the train reaches the station,
the lightness in my step as I disembark
fills me with gratitude.

어느 더운 날 밤

끊임없이 이어지는 더위,
뜨거운 여름이 끝나지 않을 것만 같다
지열이 가득한 여름밤,
한줄기 시원한 바람이 볼을 스치면
무더위도 이제 물러나겠지,
어느새 기대감이 밀려온다
물러날 줄 아는 지혜,
그것이야말로 얼마나 현명한 일인가
순리에 따르는 일,
가장 쉬운 길이면서도,
때로는 가장 어려운 길임을 깨닫는다
혹시 내가
어느 곳에선,
누군가에게,
혹은 나 자신에게
숨 막히게 더운 바람은 아니었을까
이 밤, 한줄기 시원한 바람에 기대어
생각해 본다.

On a Hot Summer Night

The relentless heat continues,
As if this scorching summer would never end.
On a sultry summer night,
A cool breeze brushes my cheek,
Then suddenly,
I find myself hoping that even this heat will soon pass.
The wisdom in knowing when to step back,
How truly wise it is.
Following the natural course,
Though it may be the easiest path,
It can also be the hardest one to take.
Haven't I ever been,
Somewhere,
To someone,
Or even to myself,
A suffocatingly hot wind?
Tonight, leaning on a cool breeze,
I ponder this deeply.

조조할인 영화

아침 첫 상영 영화
듬성듬성 앉은
홀로들
삶이 이처럼 가뿐한데
입안에서는 달콤하고
바삭바삭하기까지 하다
팝콘 한 손 가득
한입 가득 넣으면
그만인 삶
스크린 속에
울고 웃는 인생사
나도 너도 극장에 앉아 있고
그렇게 모두는
스크린 속에 흘러가는데

이렇게 앉아 있다 보면
모두가 가여운 것을
스크린 속에 울고 웃고 널뛴 너와 내가
한층 가벼워진다.

삶이 우울할 땐
조조할인 영화를 보러 간다.

Early Morning Discount Movie

The first movie of the morning
Scattered people, sitting alone
Life feels light,
Sweetness fills my mouth,
And even crispy, at that,
A handful of popcorn,
A mouthful of it,
And life feels just perfect.
On the screen,
Our life stories, laughing and crying,
You and I sit in the theater,
And all of us
Are drawn into the screen.

Sitting here this way,
I realize everyone is pitiable,
You and I,
Jumping between tears and laughter on screen,
We feel lighter.

When life feels heavy,
I go to watch an early morning discount movie.

동반 1

나는 당신에게 여행을 가고 싶습니다. 깊은 속눈썹을 가진 당신, 살짝 그늘진 속눈썹 그림자에 숨겨진 당신의 진짜 눈빛을 곁눈질하며 마냥 옆에 서서 당신의 시선이 닿는 곳을 언제고 바라보고 싶기 때문입니다.

나는 당신 마음속으로 여행 가고 싶습니다. 당신이 좋아하는 음악을 들으며, 그 리듬에 맞춰 당신 발길 닿는 곳이면 거친 풀밭이어도 한마음으로 걷고 싶기 때문입니다.

나는 당신 꿈속으로 여행을 가고 싶습니다. 힘들었을 당신의 손을 맞잡고 신이 전하는 사랑의 음성을 조용히 경청하고 싶기 때문입니다.

Companion 1

I want to travel to you. With your deep eyelashes, I want to stand by your side, glancing at the true light of your eyes hidden in the subtle shadow of your lashes, and always look where your gaze falls.

I want to journey into your heart. Listening to the music you love, and walking in unison with you, even if it's across rough grass, following the rhythm of your steps with one heart.

I want to travel into your dreams. Holding your hand when you're weary, and quietly listening to the voice of love that the divine conveys.

동반 2

나는 당신과 함께 계절을 걷고 싶습니다. 당신과 나란히 수많은 사람이 스치는 도시 어귀를 걸어가다 문득 봄 햇살 아래 꽃망울을 손짓으로 가리킬 때 당신이 미소 짓는 표정을 바라보며 마주 웃어보고 싶기 때문입니다.

나는 당신과 함께 여름밤을 거닐고 싶습니다. 한낮의 열기가 가신 여름밤 풀벌레 소리를 들으며 당신의 어린 날의 이야기를 듣다가 별빛같이 반짝이는 눈을 마주 보고 싶기 때문입니다.

나는 당신과 함께 바람 부는 가을 길을 걷겠습니다. 시원한 바람이 우리 사이를 지나갈 때의 시원한 감각을 기억하며 당신을 존중하고 싶기 때문입니다.

나는 당신과 함께 겨울 숲으로 여행을 떠나고 싶습니다. 흰 눈이 쌓인 숲길을 한발 한발 걷다가 문득 비틀거리는 당신의 손을 맞잡아주고 싶습니다. 미숙했던 삶의 실수와 아픔, 회환을 말없이 잡아주고 싶기 때문입니다.

Companion II

I want to walk through the seasons with you. As we stroll side by side through the bustling streets of the city, I want to point out a budding flower under the spring sunlight and see your smile, so we can share a moment of laughter.

I want to walk with you on a summer night. As the heat of the day fades, listening to the sounds of crickets, I want to hear the stories of your childhood and gaze into your eyes that sparkle like starlight.

I want to walk with you on a windy autumn path. As the cool breeze passes between us, I want to remember the refreshing sensation and treasure you more deeply.

I want to travel with you through a winter forest. As we take each step on the snow-covered path, I want to reach out and steady your hand when you stumble, silently comforting the mistakes and sorrows of our imperfect lives.

아침을 깨우는 바람

밤은 길지만 짧았습니다
어제의 피로와 걱정이 모두 사라졌기를 희망하며
새로운 하루를 맞습니다

또 다른 삶이 우리 앞에 기다리고 있습니다
어제의 실수는 오늘 달게 받아들이고,
어제의 작은 기쁨들이 오늘로 이어지길 바랍니다

욕심은 무엇이며, 비움은 무엇일까요?
나이 듦은 또 무엇일까요?
나는 바라봅니다

내가 쏟은 노력과 정성 이상의
과분한 행운은 주어지지 않기를,
오늘 하루를
한 땀 한 땀 수놓으며
야금야금 음미해서 나로 걸어갈 수 있도록,

이것이 내가 바라는 오늘의 작은 바람,
하루 희망의 불씨입니다

The Hope That Wakes the Morning

The night was long, yet somehow brief.
I hope yesterday's fatigue and worries have vanished as I greet the new day.

Another life awaits us ahead.
I will accept the mistakes of yesterday with grace today,
And hope that yesterday's small joys carry into today.

What is desire, and what is letting go?
And what does it mean to grow older?

I look forward, hoping that I am not given more fortune than the effort and care I have poured in.
May I stitch each moment of today, savoring it bit by bit, so that I may walk forward as myself.

This is my small wish for today,
The spark of hope for the day.

3부

기억이란

언 호수와 언 하늘에
나를 묻고
걸어가는 길목엔
하얀 눈은
어찌 그리 하얀지

그대를 묻고 돌아가던 길목엔
노란 은행잎 눈처럼 날리더니

기억이란 하얀 빛
나를 지워야 그대를 보네

추억이란
흑백사진 속 불쑥 튀어나온
색깔 하나
나를 묻어야 꽃이 피다니

나는 기억 속에 얼어 있고
그대는 꽃처럼 웃고 있어서
하얀 눈길에 눈을 떨구고
영원처럼 걷네.

Memory

Frozen lake and frozen sky,
Burying myself,
On the path I walk,
The snow,
How white it is

On the path I returned,
Burying you,
Yellow ginkgo leaves fluttered like snow

Memory is a white light,
Erasing myself, I see you

Reminiscence,
A color suddenly emerging
From a black-and-white photograph
Burying myself, flowers bloom

I am frozen in memory,
While you smile like a flower
Lowering my gaze on the white snow-covered path,
I walk as if it were eternity.

바흐의 선율을 들으며

바흐의 선율에 마음을 따라가면
나도 모르게
고요한 리듬의 생동감이
닫힌 마음을 풀어냅니다

그 음악에 몸을 맡기면
마음의 빗장이 풀리고
그 리듬을 타고
신에게 나지막이 호소하고 싶어집니다

나의 삶과
우리 모두의 삶에 스민
애달픔을,
음악처럼 묵묵히
앞으로 나아갈 수밖에 없는
나와 너의 이야기를.

Listening to Bach's Melodies

When I follow my heart
along Bach's melodies,
unnoticed,
the vitality of quiet rhythm
unlocks my closed heart.

As I surrender to the music,
the bars of my heart fall away,
and I find myself longing
to plead softly with the divine.

For the sorrow
woven into my life,
into all our lives,
and for the story of you and me,
who, like music,
can only move forward in silence.

위로 5

비가 오는 아침
커피 한 잔과 함께
속상한 마음을
푸른 풍경에
마음으로 기대면

빗줄기 흐르는
푸른 풍경이
오히려 내게
볼을 기대어 온다

살아가다 보면
속이 상할 대로 상해서
신음조차 내기 힘든 순간도 있다

이런 마음을 내비칠 수 있는 건
오직 자연에 비친
내 마음과
그 위로뿐
신은 늘 그곳에 있다고 믿는다.

Comfort 5

On a rainy morning,
With a cup of coffee,
When I rest my troubled heart
On the green landscape,

The rain-soaked
Verdant scenery
Gently leans
Its cheek against mine.

As we go through life,
There are moments
When the heart aches so deeply,
Even sighs are too heavy to release.

The only place I can reveal such feelings
Is in the reflection of my heart in nature,
And its quiet solace.
I believe God is always there.

쉼표(,)

마음이 감당할 수 없을 때
창밖을 보며 멍 때리기,

친한 친구에게 전화해서
콧소리로 '힘들어'라고 말하기,

좋아하는 예능 보며 멍 때리기
재미없어도 멍 때리기,

옳고 그름을 생각하지 말기
밉고 싫고도 생각하지 말기,

내 마음에 내려앉았다가
다시 날아가는 작은 새에게
모든 시름을 날려 보내기,

그렇게 상상하기,

Commas (,)

When your heart can't take it anymore,
Stare blankly out the window,

Call a close friend
And in a cute voice say, "I'm struggling,"

Watch the favorite show and zone out,
Even if it's boring, just zone out,

Don't dwell on what's right or wrong,
Don't dwell on what you hate or dislike,

Imagine all your worries flying away,
Carried off by a little bird that lands on your heart,
Then takes flight again,

Just imagine that,

소중한 하루

매일매일
소중한 하루를 맞이하고
또 소중한 하루를 보냅니다

너무 앞서 생각하지 않고
너무 뒤를 돌아보지도 않고
딱 오늘 하루에 서서
아침해를 보며
감사하고
지는 해를 보고 안도합니다

하루라는 언덕을 수없이 넘지만
넘어져도 다시 일어난 하루가
너무나 대견합니다

방황하던 하루도
결국엔 평온한 노을을 맞습니다
때론 폭풍우 속에서 길을 잃고 헤매어도
무지개를 기억하며
다시 걸음을 옮깁니다

나는 하루를 배신한 적이 있어도
하루는 나를 배신하지 않습니다.

A Precious Day

Every day,
I greet a precious day,
And I live another precious day

Without thinking too far ahead,
Without looking too far behind,
I stand in today,
Grateful for the morning sun,
And relieved at the sight of the setting sun

Though I cross countless hills of days,
I'm proud of the day that rises again,
Even after falling

A wandering day
Eventually meets the peaceful sunset
Even when lost and adrift in the storm,
A day remembers the rainbow
And takes steps forward once again

Though I may have betrayed a day,
A day has never betrayed me.

숟가락

밥숟가락이
툭하고 떨어진다

밥공기 한가득
여민 이야기가 말을 걸 때
나도 모르게
툭 하고 떨어뜨리고 만다

내 어깨에 손을 얹고 걷던 네가
손을 뚝 떨어뜨렸을 때의 서늘함은
숟가락이 떨어질 때의
바로 그 차가움

바람이 불고
계절이 지나
밥을 먹을 때

바람은 숟가락을 툭하고 떨어뜨리기도 한다.

Spoon

A spoon drops with a clink

When a story tucked inside a rice bowl
speaks to me,
I unknowingly let it slip from my grasp

The chill I felt when you,
walking beside me,
let go of my shoulder is
the same coldness as when a spoon falls

As the wind blows and seasons change,
while eating

The wind too sometimes
makes the spoon drop with a clink.

가을이 오는 길목에서

뜨겁게 불타오르던 여름을 보내고
가을이 오는 길목에 서서
우린 무엇을 기대해야 할까

밝은 정렬을 누르는
서늘한 바람은
깊은 마음을 파고들어
결국 우리가 간직할 것은
아무것도 없음을 속삭이는 것일까

피아노 앞에서
온 열정을 쏟아붓는
피아니스트의 손끝에서 느껴지는 감동,
그 열정 속에 우리도 녹아들어
결국 남는 것은
흐르는 음악뿐

우리의 가을도 그렇게
흐르고 흘러
모든 것을 품고
모든 것을 흘려보내기를…

At the Threshold of Autumn

Having sent off the blazing summer,
We stand at the threshold of autumn,
Wondering what we should hope for

The cool breeze,
Dampening our once fiery passion,
Pierces deep into our hearts,
Whispering that in the end,
There is nothing we can truly hold onto

The pianist, seated at the keys,
Pours out all their passion,
And in the emotion we feel from their fingertips,
We, too, are melted away,
Until all that remains
Is the flowing music.

May our autumn, too,
Flow and pass,
Embracing everything,
Letting everything go...

여행 전

떠날 준비를 합니다
가방에 담을 것들을
하나둘 떠올리며
구겨진 마음도 이것저것
챙겨 넣습니다

차곡차곡 정돈된 짐을 보며
어지러운 생각들도
가지런히 접어
여행지에서 반듯하게
풀어 놓을까 생각합니다

여행은, 어쩌면
준비하는 순간부터
시작되는 것만 같습니다

여행은 어느새 저 멀리서
젖은 마음을
아름다운 풍경 속에
착착 펴서 말리고 있습니다.

Before the Journey

I prepare to depart
Thinking of what to pack,
I gather things one by one,
tucking in my crumpled heart as well

As I look at the neatly arranged luggage,
I consider folding away my tangled thoughts,
to lay them out smoothly
at the destination

Perhaps a journey begins
the moment I start to prepare

Already, my dampened heart
is stretching out and drying
in a beautiful landscape
somewhere far away.

포용력

나는 이 이야기를 하고
당신은 저 이야기를 하고
이 이야기가 허공에 맴돌고
저 이야기도 떠도는 줄도 모르고
힘주어 말한다

내 이야기를 포함하고
당신 이야기도 포함해서
하나의 원을 만들 수 있다면
그 원안에서 마음과 마음이
만날 수 있을까

말이란 때론 충동적이고 무감한 발을 지녔지만
마음은 상처받는 만큼
섬세한 눈을 지녔기에…

Embracing

I speak my story.
You speak yours.
This story lingers in the air
And yours too,
Without us knowing they speak with emphasis.

Including mine
Including yours, too
If we could form a single circle,
Could our hearts
Meet within it?

Words sometimes have
Impulsive and unfeeling feet,
But hearts, as easily wounded,
Are ever so delicate in their gaze⋯

와인 한 잔

와인 한 모금 마시고
어두운 밤 하늘을 올려다봅니다

흐린 하늘에 달무리 진
달빛이 흔들리고 있습니다
희미한 별빛도 함께 흔들립니다

와인 한 잔에 기대어
흔들리는 하늘을 용기 내어
마주합니다
왜 이렇게 세상이 온통 흔들리는지
왜 삶은 울퉁불퉁한 지
물어보다가

문득
붉은 와인빛이 아름다워
눈길이 갑니다

와인 한 잔의
용기에
취기 어린 붉은 피가
비로소 흐릅니다.

A Glass of Wine

I take a sip of wine
And look up at the dark night sky

The hazy moon,
Encircled by a halo, trembles in the clouds,
And the faint starlight quivers too

Leaning on a glass of wine,
I bravely face
The wavering sky
I ask why the world is so full of tremors,
Why life is so rough and uneven

Suddenly,
The beauty of the crimson wine catches my eye

In the courage of a glass of wine,
The bold red of intoxicated blood
Finally begins to flow.

사랑의 뿌리

사랑하는 이들을 떠올릴 때면
온 우주는 그들의 존재로 가득 차오릅니다

그들을 존재로서 사랑하기에
시공간을 초월하여
곁에 머무릅니다

일상에 쫓겨 마음이 분주해져도
우리 영혼은 알고 있습니다
마음의 뿌리는 언제나
그들과 함께 뻗어 있다는 것을

절체절명 위급한 순간에 사랑하는 가족에게
마지막 문자를 남겼다는 이야기를 듣습니다
그들은 늘 함께합니다

사랑의 뿌리는 깊숙이 자리 잡아
어떤 상처도
어떤 이별도
아우르며 굳건히 뿌리내립니다

사랑합니다.

Roots of Love

When we think of those we love,
The entire universe fills with their presence

Loving them simply for their existence,
They transcend time and space,
Always remaining by our side

Even when life becomes hectic,
Our souls know the truth:
The roots of our heart
Are always intertwined with theirs

I've heard of people sending
Final messages to their loved ones
In moments of life and death
They are always together

The roots of love grow deep,
Embracing any wound,
Any separation,
Firmly taking hold

All I am doing is loving you.

시를 쓰는 시간

따뜻한 차 한 잔과 함께
시를 쓰는 이 시간

작곡가는 곡을 만들고
연주자는 연주를 하며
신과 만나는 순간처럼
시인은
시를 쓰며 내면의 신을
만나는 것 같습니다

사랑이 차올라
하고픈 말이 넘쳐
두 눈 가득 눈물을 머금은
신의 음성이

시 한 자 한 자로
당신과 나를 이어주길 희망합니다

간절한 염원으로
붉은 상사화가 피어나듯
오롯이 당신과 나로
흔들려도 바로 서 있을 수 있기를.

The Time to Write a Poem

With a warm cup of tea
In this time for writing poetry

Composers craft their melodies
Musicians play their tunes
As if meeting the divine
Poets, too,
Seem to meet their inner god
Through the act of writing

I hope the voice of the divine,
Where love rises, and words overflow
With tear-filled eyes,

Connects you and me
With a word and a word in the poem

With a fervent wish,
Like red magic lilies blooming,
With just you and me,
May we stand upright, even when shaken.

놓친 마음

오늘 하루 놓친 마음을
미련하게 미련을 갖습니다

나로서 존재하지 못하고
다른 사람 시선으로
욕심으로
비난하는 마음으로
어두운 생각으로

놓친

나다움과
너그러움
기쁨으로 생기 있는
밝은 생각을

오늘 하루를 잃어버렸습니다

Lost Heart

I foolishly cling
to the heart I lost today.

Unable to be myself,
caught in others' eyes,
in greed,
in criticism,
in dark thoughts.

I lost

my true self,
my kindness,
the vibrant joy
of bright thoughts.

Today,
I lost my day.

4부

존엄

존엄이 크게 나를 때린 날. 그 아픔을 알지 못했다. 다음날 아픔이 아픔을 알아채지 못했다는 진실이 내 머리를 둔탁하게 때릴 때, 그제야 새어 나오는 "아"소리. 그 소리가 너무 담백해서 나는 내가 어디에도 없다고 소리 없이 선언해야만 했다. 존엄이란 이러 저리 툭툭 치기 쉬운 돌멩이만도 못한 것인데, 괜스레 거창한 이름을 달았다고 책망하고 나서, 무작정 길을 걸었다. 길에서 만난 눈곱 낀 고양이 한 마리가 경계심도 없이 우두커니 나를 바라보았다. 존엄은 아픈 줄도 모르고 거리를 방황하지만 언제나 마주 보고 있음을 알아챘을 때, 툭 하고 눈물이 솟구쳤다.

Dignity

The day dignity struck me hard, I did not feel the pain. The next day, when the truth that my pain hadn't recognized the pain hit me bluntly in my head, only then, did the sound of "Ah" escape. That sound was so plain that I had to silently declare that I myself was nowhere to be found. Dignity, not even worth a pebble kicked carelessly, was given a grand name for no reason, and after scolding it, I walked aimlessly. A cat with crusty eyes that I met on the road stared blankly at me without any sense of caution. When I realized that dignity, wandering through the streets without feeling the pain, was always facing me, tears welled up.

나를 바람이라 하자

없는 길도 불어가며 만들어내는
바람이라 하자.

저 거대한 우울의 언덕을
단숨에 넘어가는
바람이라 하자.

노래 없는 얼굴들을 쉭쉭 스치며
촉촉한 눈시울을 남기는
바람이라 하자.

가슴이 뻥 뚫린 하늘을
사정없이 흔드는
바람이라 하자.

천 개의 슬픔이 덮쳐와도
어느 곳이든 닿을 수 있는
바람이라 하자.

Let's say I am the wind

A wind that creates paths where none exist,
blowing its way through.

A wind that swiftly crosses
the great hill of despair.

A wind that brushes past songless faces,
leaving behind moist eyes.

A wind that relentlessly shakes
the sky with a vast, wide-open hole in its heart.

A wind that, even when a thousand sorrows descend,
can still reach anywhere.

비 온 뒤 흐르는 구름

비가 그치고
구름이 빠르게 흘러갑니다
먹구름을 밀어낸
파란 하늘이 방긋 웃습니다

구름 사이 햇살이
젖은 창을 비출 때
맺혀 있던 물방울들이
다시 빛나기 시작합니다

시간이 흘러
마음도 이렇게
다시 반짝일 수 있을까요
아무리 고통이 깊어도
구름은 흘러가니까요.

Clouds Flowing After the Rain

After the rain stops,
the clouds drift swiftly away.
The blue sky, having cleared the dark clouds,
smiles brightly.

As the sunlight shines
through the gaps in the clouds
and onto the wet window,
the droplets that had formed
begin to shine once more.

As time flows,
so too does the heart
find a way to shine again?
No matter how deep the pain,
the clouds will always drift on.

깨진 무릎

여행 중,
아름다운 숲에 홀딱 빠져
넘어진 내 무릎엔 선명한 상처

찢어진 바지 틈새로
바람이 스치는, 깨진 무릎

어릴 적, 엄마가 발라주던
빨간 소독약의 향이
머릿속을 빙빙 도는데,

친구는 말했지,
나무가 해충과 균으로부터
자신을 지키기 위해 내뿜는 독이 피톤치드라고

숲속에서 피톤치드를 깊이 들이마시며
내 깨진 무릎에
빨간 피톤치드를 흠뻑 적시는 상상을 해.

Scraped Knee

During my travels,
lost in the beauty of the forest,
a fall leaves a fresh scrape on my knee.

Through the tear in my pants,
a breeze brushes against my scraped knee.

The scent of the red disinfectant
my mother used to apply
spins around in my mind.

A friend once told me
that trees release a toxin called phytoncide
to protect themselves from pests and pathogens.

As I breathe in the phytoncide deep in the forest,
I imagine
soaking my scraped knee
with red phytoncide.

업데이트

새로운 것을 낯설고 버거워하는 나
업데이트를 미루고 미루다
고장 나버린 휴대폰

휴대폰의 창자와 핏줄,
모두 꼬여 마치 뇌출혈이 터진 듯

서비스센터 직원의 무미건조한
가망 없다는 사망 선고

아직 따스한 휴대폰을 놓을 수도 없고
버릴 수도 없어서
망연해지는데,

차라리
날 버리고
다시 살 수 있다면…

절실한 업데이트.

Update

I, who find new things unfamiliar and
overwhelming,
kept postponing the update,
and my phone finally broke down.

The phone's guts and veins,
all tangled up, as if a brain hemorrhage had burst.

The service center employee's dry and indifferent
declaration of death, saying there's no hope.

Unable to let go of the still-warm phone,
unable to throw it away,
I stand in blank despair.

Rather, if only
I could abandon myself,
and buy myself again...

A desperate update.

아침에 새 지저귀는 소리

아침에 눈을 떴을 때
새 지저귀는 소리가 들리면
잠을 잘 잤다고 느껴져
행복함으로 깨어납니다

부지런한 새의 지저귐처럼
나도 하루의 바지런한 진동을 느끼며
몸을 일으켜 세웁니다

사람의 모든 감각 중에
듣는 감각이 가장 마지막까지
깨어 있다고 하던데
아침 새 지저귀는 소리를 들으며
생을 마무리하고
잠들고 싶다는 상상을 합니다

새처럼 자유로운 날개를 얻어
온전한 나로 훨훨 날아가고 싶습니다.

The Morning Birdsong

When I open my eyes in the morning
and hear the birds chirping,
I feel as if I've slept well,
waking up to happiness.

Just like the diligent chirping of the birds,
I too, feel the busy vibrations of a day
and rise to greet it.

They say that among all our senses,
hearing is the last to remain awake.
So I imagine, as I listen to the morning birdsong,
that I could end my life peacefully,
drifting into sleep.

I wish to gain wings as free as a bird
and soar, fully myself, into the open sky.

거리의 악사

오고 가는 많은 사람들,
내 연주, 내 노래가
사람들 사이를 누비다가

발걸음을 멈추는 행인의 발 위에 내려앉아
아픈 발을 쉬게 하고
하루의 피곤한 주름들 사이를 스미며
제법 살살 피게 한다

이 거리 저 거리를 떠도는
나처럼
내 음악이
행인들 사이사이를 떠돌다가
잠시 주저앉은 박수가 되고
무심한 타인들 원 안으로
들어가면,

열정으로 내 음악을 모두 써 버려도
나는 거리의 악사로 오늘을 사네.

Street Musician

Among the many people passing by,
my performance, my song
crisscrosses through the crowds.

It settles on the foot of a passerby who pauses,
easing their weary steps,
seeping into the wrinkles of a tired day,
to gently erase them.

Like me, wandering these streets,
my music drifts through the spaces between passersby,
becoming a brief applause that lingers for a while,
drawing indifferent strangers into a circle.

At that moment,
Even if I use up all my music with passion,
I live today as a street musician.

침 맞으러

그동안 잘 지내셨어요?
의사 선생님이 건네는 인사,
발을 또 뼈서 왔냐는 인사 대신
따뜻하게, 완곡하게 들리는 말

정신 팔려 걷다, 자주 발을 삐끗하는 나,
단골 한의원에 가면,
한의사 선생님은 늘 알아보시고
인사를 건네신다

침이 피부에 닿을 때의 따끔함,
그건 마치,
"정신 차려, 정신 차리고 살아라"는
따끔한 훈계처럼 심장을 찌릿하게 만든다

스스로 마음에 침을 꽂고
전기 치료를 견디며
다시는 삐끗하지 말아야지
다짐해 본다.

Going for Acupuncture

"How have you been?"
A greeting from my doctor,
Instead of asking if I've twisted my ankle again,
It sounds warm and gentle.

Often distracted while walking,
 I frequently sprain my ankle.
Whenever I visit the familiar clinic,
The doctor always recognizes me
And greets me warmly.

The sharp sting of the needle touching my skin,
It feels like a piercing admonition:
"Stay alert, live with awareness,"
It stings my heart deeply.

I pierce my own heart with these needles,
Enduring the electric treatment,
And resolve once more
Not to stumble again.

허무한 공기

들숨과 날숨 사이로 허무가 오간다
모든 의미와 무늬가 사라지고 나도 흐려질 때
누군가 공기 속에 희뿌연 허무를 뿌리고
떠났나 보다

세상의 모든 색을 보기 위해
힘겹게 눈꺼풀을 들어 올린다
세상의 모든 소리를 듣기 위해
볼륨을 높이지만, 깨질 듯한 소음이
귀를 때린다

희뿌연 허무가 모든 것을 삼키기 전에
비대칭의 삐뚤빼뚤한 나를 색칠해야 한다
들숨과 날숨 속에서 허무가 빠져나가도록.

The Empty Air

Between each inhale and exhale, emptiness drifts
When all meaning and pattern fade,
And I too become blurry
It seems someone has scattered pale emptiness
Into the air and left

To see all the colors of the world
I struggle to lift my heavy eyelids
To hear all the sounds of the world
I turn up the volume, yet the shattering noise
Torments my ears

Before pale emptiness swallows everything
I must color in my crooked, asymmetric self
So that emptiness can escape with each inhale and exhale.

풀 깎은 냄새

어찌하여
풀 깎은 냄새는
비릿하지 않고 향긋한가

거침없는 칼날에 무자비하게 깎여 나갔음에도
푸른 피를 흘리다 향기가 되다니

흙과 햇빛, 빗물을 머금어
신선한 피가 되었나 보다

푸른 피를 갖고 싶다고 상상하는 나는
결벽증일까

굴하지 않은 생명력으로 또다시 저만치 자랄 테다

The Scent of Cut Grass

Why is it
that the scent of cut grass
is not fishy but fragrant?

Though it's ruthlessly sliced
by a relentless blade,
spilling green blood that turns into fragrance.

Perhaps it's the soil, sunlight, and rain
that nurtured it, creating this fresh blood.

Is it obsessive neatness,
for imagining having green blood myself?

With unwavering vitality,
I will grow that much again.

도각도각 하는 소리

새로 산 키보드,
타자 칠 때마다
도각도각 소리가 난다

나를 두드리지 않으면
내가 나인 것을 모를 때도 많은데,

나와 나의 손끝은 도각도각하며
대화를 한다

어릴 적
공기놀이를 할 때 나던
소리의 경쾌한 공명이 즐거움을 두드리듯
도각도각 소리는
나를 두드리고 내 글을 깨운다.

The Sound of Tapping, 'Do-gakk, Do-gakk'

The new keyboard I bought
makes a tapping sound—'Do-gakk, Do-gakk'—
with every keystroke.
If I don't tap myself,
there are times I don't know that I am me.

My fingertips and I converse
through its tapping sound.

When I was young,
the sound of the jackstones game I used to play
echoed with cheerful resonance, tapping joy.
Now, the tapping sound, 'Do-gakk, Do-gakk,'
taps me and awakens my writing.

필름 사진기

온 가족이 있었다
흑백 필름을 지나
칼라 필름 속에서
가족은 색색의 표정을 입고
알록달록한 풍경이 되었다

"웃어!"
젊은 아빠의 목소리,
카메라 앵글 안에서 어깨동무한 형제들,
그리고 젊은 엄마의 환한 미소

칼라 사진의 온기가 바래지며
하나 둘 떠나고,
아주 먼 길을 떠나기도 했다

필름 사진기를 들고
산속 호수로 풍경을 찍으러 갔는데,
온 가족이 따라왔다

렌즈 초점을 맞추는데,
모두 한데 모여
손을 흔들고 있다.

Film Camera

There was the whole family.
Passing through black-and-white photos,
In the color film,
The family wore colorful expressions,
Becoming a vibrant landscape.

"Smile!"
The voice of the young father,
The siblings arm-in-arm within the camera's frame,
And the radiant smile of the young mother.

As the warmth of the colored photos faded,
One by one they left,
Some went on very long journeys.

I took the film camera,
To the mountain lake to capture the scenery,
And the whole family followed.

As I adjusted the lens,
They gathered together,
Waving their hands.

드라마를 정주행하고

개성 있는 연기자들
반듯하게 잘생긴 주인공들
화려한 드라마 세트장
눈물이 있고, 굴곡이 있고,
무엇보다 사랑이 있는
드라마

때론 발차기로 못된 놈들을 때려눕히기도 하고
실컷 두들겨 맞기도 하고
애절한 사랑의 말을 전해보기도 하고

현실과 많이 다르지만
나와 너무 밀착해 있는 드라마라는 꿈

정주행하는 동안은
나비가 되어 무대를 종횡무진
이리저리 앉았다가
꿈에서 깨어보니
나인지 나비인지 헷갈리는데,

좋은 것만 얼기설기 빠진 내 인생 드라마가
우습기도 하고 그래서
차라리 나비로 나지막한 인생 봉우리에 앉아 있다.

Binge-Watching a Drama

Unique actors,
Handsome protagonists,
Dazzling drama sets,
Tears, twists, and turns,
And most of all, love—
That's what makes a drama.

Sometimes kicking down villains,
Other times, getting beaten to the ground,
Whispering words of heartbreaking love.

Though far from reality,
This dream of drama feels so close to me.

While binge-watching a drama,
I become a butterfly, freely soaring across the stage,
Flitting here and there.
When I wake from the dream,
I'm not sure
Am I the butterfly or myself?

The drama of my life,

Haphazardly woven, without the good things,
Seems funny to me, and because of that,
I'd rather be a butterfly,
Resting on the low peak of my life.

눈이 녹을 때

눈이 녹을 때 하얀 세상이 질퍽해지면서 의미 있는 단어들이 하나하나 사라지고 껍질만 남는다. 눈이 하얗게 내릴 때는 포동포동한 산짐승들이 소복한 눈을 살금살금 밟더니 눈이 녹기 시작하니 뼈가 앙상하고 깊고 슬픈 발자국을 남긴다. 눈이 올 때 이상한 나라의 앨리스는 토끼를 잡아먹고 조그만 뼈와 약간의 털 뭉치 만 남기고 떠났다지. 떠난 자들은 말이 없고, 사위는 고요해지는데, 먼 곳에서 들려오는 새 울음소리는 구슬프다. 눈이 녹은 세상에 아름다운 시는 없고, 시인은 앙상한 나뭇가지를 잡고 있을 뿐이다. 남아 있는 살을 다 파먹고 떠나간 생존의 열망이 눈을 녹이고, 그래도 누군가는 살아있다는 전설이다.

When the Snow Melts

When the snow melts, the white world becomes slushy, and meaningful words vanish one by one, leaving only their shell behind. When the snow fell white, the plump wild animals carefully stepped on the thick snow, but as the snow began to melt, they left behind deep and sorrowful footprints with bare, skeletal bones. They said that when the snow fell, Alice from Wonderland devoured the rabbit, leaving behind only small bones and a tuft of fur before disappearing. Those who have left say nothing, and the silence grows deeper, while in the distance, the cries of birds sound sorrowful. In a world where the snow has melted, there are no beautiful poems, and the poet holds onto the barren branches. The desire for survival, having devoured all remaining flesh and departed, melts the snow, yet there remains a legend that someone is still alive.

■ 작품 해설

흔들림의 사유(思惟)가
존재의 울림으로 이끌고 있는 시편들

박 효 석 (시인, 월간 시사문단 회장)

　첫 시집 『그녀가 피아노를 치는 이유』를 상재한 후 쉬지 않고 시집을 출간하고 있는 것을 볼 때 끊임없이 생명체로서의 존재의 본질에 대해 사유하고 있기 때문이 아닌가 하는 생각이 든다.
　특히 내면에 아로새겨진 존재의 의미가 깊은 울림을 주고 있는 이번 시집의 시편들을 볼 때면 더욱 그렇다는 생각이 든다.
　시인이 경험한 내적 갈등과 불확실성을 담아내고 있는 이번 시집에서 시인은 삶 속에서 흔들리며 느끼는 불안과 그럼에도 삶을 견디며 살아가고 있는 인간의 모습 속에서 불완전을 수용하고자 하는 마음을 보여주고 있음을 알 수 있다.
　프로이트가 "자아는 자기 집의 주인이 아니다"라고 한 것은 자아의 탈 중심성과 존재의 탈-존 (ex-sistence)을 말하고 있는 것일 것이다.

흔들리는 것은
고요와 저울질하는 상념(想念)

흔들리는 것은
바람에 흩날리는 머리카락과
그 끝에 매달린 미련

흔들리는 것은
야경의 불빛과
저 먼 하늘에서
희미하게 반짝이는 별빛

흔들리는 것은
굽이굽이
젊음의 골목길을
지나칠 때의 아득함과

망망대해에서
흔들리는 선상에
누워 바라보는
깊고 검은 하늘과 바다

-「흔들리는 것은 1」 전문

 시인은 이 시를 통하여 삶의 다양한 요소들이 흔들리는 모습을 비유적으로 표현하면서 존재의 불안정함을 강소하고 있다.
 일상에서 마주하고 있는 바람에 흩날리고 있는 머리카락과 밤하늘의 별빛 등, 사소한 것들의 불안정의 흔들림이 존재의 본질임을 상징으로 암시하고 있다.

바람에 흩날리고 있는 머리카락을 비롯한 젊음의 골목길과 야경의 불빛 등의 일상적인 이미지들이 잔잔한 불안감과 아련한 향수를 불러일으키고 있는 시로서 일상적이고 사소한 현상에서 의외의 깊은 인식을 이끌어내는 솜씨가 놀라워 보인다.
  시는 무엇을 지각했는지가 아니라 어떻게 지각했는가가 중요한데 바로 이런 점에서 이 시가 잔잔한 공감을 안겨주고 있는 것 같다.

젊음이라는 꼭짓점이
예리하게 심장을 찌를 때
얼마나 쉽게 아스러지는지
뭉개버리고 싶다
상심하면
또 서글픔으로
얼마나 쓰러져
울어야 할까

젊음이라는 지평은
매혹적이고도 넓어
한없이 설레지만
절망의 골짜기는
깊고 아픈데
봉우리에 우뚝 서 있는 젊음아
차라리 하늘을 보고 울어라.

-「젊음이라는 꼭짓점」 전문

젊음을 찌르는 고통과 그것의 유혹을 통해 시인은 젊음이 갖는 매혹과 고통의 양면성을 표현하고 있다. 젊음의 고통을 극복하고 성숙으로 나아가기를 권유하면서 삶 속에서의 상실과 회복을 엿보게 하고 있다.

시인은 젊음을 뾰족한 '꼭짓점'으로 묘사하여 쉽게 상처받고 쓰러지지만 동시에 설렘을 주는 이중적인 면을 표현함으로써 젊음이란 매혹적이면서도 고통스러운 지점임을 짚어냄과 동시에 그 고통 속에서도 결국은 자신이 마주할 수밖에 없다는 젊음의 여정을 잘 그려내고 있다.

시가 실패와 절망, 고통을 통해 인간의 참된 본질을 보여주는 예술이라고 한다면 이런 점에서 이 시는 젊음의 대상을 향한 본질의 아픔에서 태어났다고 봐도 지나친 말이 아닐 것이다.

어둠 속
불빛 속에 고요히 있었습니다
불빛은 물방울로 떠다닙니다
무수한 물방울들이
흔들리며
몸에 부딪히자
터져버립니다
아프지 않았지만 겁이 납니다

흔들리다 모든 게
끝이 나는 게 아닐까

내가 도리어 물방울이 되어 움직입니다
터져 버리라고 마음속으로 되뇝니다

차라리 터져 버리라고
고요히 외치면
비겁한 마음이 소리 없이 터지며
허공 속으로 사라집니다

그렇게 모두 사라지는 걸까요

-「흔들리다 끝날까 봐 겁이 납니다」 전문

   상상이 상승되면서 결국은 보이지 않았던 자신의 본질을 바라보게 되는 과정을 잘 묘사하고 있다. 어둠 속에서 흔들리며 사라지는 불빛과 물방울을 통해 존재의 불안을 표현함으로써 물방울이 터져버릴 것만 같은 불안 속에서 존재의 연약함과 동시에 그것을 초월하려는 마음의 여운을 통해 존재에 대해 성찰하게 하고 있다.
   릴케는 일찍이 시를 체험의 소산이라고 하였다. 시문학이 상상 혹은 상상력의 산물이라고 하지만 그 상상력 또한 기억과 추억으로 적재된 체험을 바탕으로 한다는 점에서 이 시의 시작(詩作)도 시인의 체험론이 상당한 설득력을 가질 것이다.

나는 이 이야기를 하고
당신은 저 이야기를 하고
이 이야기가 허공에 맴돌고
저 이야기도 떠도는 줄도 모르고
힘주어 말한다

내 이야기를 포함하고

당신 이야기도 포함해서
하나의 원을 만들 수 있다면
그 원안에서 마음과 마음이
만날 수 있을까

말이란 때론 충동적이고 무감한 발을 지녔지만
마음은 상처받는 만큼
섬세한 눈을 지녔기에…

-「포용력」 전문

    시인은 사람과 사람 사이의 관계와 서로의 이야기를 포용하는 자세를 이야기하고 있다. 서로 다른 이야기가 하나의 원 안에서 만날 수 있기를 희망하며 말로 인해 생긴 상처가 마음의 진정성과 이해를 통해 치유되길 바라는 마음을 담고 있다.
    이 시를 읽다 보면 영혼을 맑게 하기 위해 시를 쓴다는 말이 떠오를 정도로 시인의 순수한 마음이 맑은 호수처럼 보인다. 그러기에 요즘 세상이 각박할 정도로 서로 죽일 듯이 대립하고 있는 현실에서 세상에 큰 울림을 주고 있다고 생각한다.
    그리스의 시인 호라티우스는『시론』에서 "시는 아름답기만 해서는 부족하고, 사람들의 마음을 감동시켜가면서 사람의 영혼을 맑게 뜻대로 이끌어나갈 수 있어야 한다"고 하였다.

사랑하는 이들을 떠올릴 때면
온 우주는 그들의 존재로 가득 차오릅니다

그들을 존재로서 사랑하기에

시공간을 초월하여
곁에 머무릅니다
일상에 쫓겨 마음이 분주해져도
우리 영혼은 알고 있습니다
마음의 뿌리는 언제나
그들과 함께 뻗어 있다는 것을

절체절명 위급한 순간에 사랑하는 가족에게
마지막 문자를 남겼다는 이야기를 듣습니다
그들은 늘 함께합니다

사랑의 뿌리는 깊숙이 자리 잡아
어떤 상처도
어떤 이별도
아우르며 굳건히 뿌리내립니다

사랑합니다.

-「사랑의 뿌리」 전문

　　마음과 영혼을 아름답고 맑게 정화해주는 작품이다. 사랑하는 이들의 존재가 시공을 넘어 자신의 마음속에 깊게 자리 잡고 있음을 표현하고 있다.
　　사랑의 뿌리가 시간과 이별을 초월하여 영원히 남아있음을 상징적으로 표현하고 있으며 시인은 그들이 함께 있다는 위안을 세상에 울림하고 있다.

시인에게 있어서 사랑은 시의 모태라고도 할 수 있을 것이다. 그러기에 이번 시집의 근간을 이루고 있는 사랑의 본질을 바라봄으로써 느끼게 되는 흔들림의 존재를 치유하려는 구원의 메시지가 이 시집 전체의 시에서 울림을 주고 있는 것이 아닌가 생각되었다.

없는 길도 불어가며 만들어내는
바람이라 하자.

저 거대한 우울의 언덕을
단숨에 넘어가는
바람이라 하자.

노래 없는 얼굴들을 쉭쉭 스치며
촉촉한 눈시울을 남기는
바람이라 하자.

가슴이 뻥 뚫린 하늘을
사정없이 흔드는
바람이라 하자.

천 개의 슬픔이 덮쳐와도
어느 곳이든 닿을 수 있는
바람이라 하자.

-「나를 바람이라 하자」 전문

시를 쓰는 이유는 생각하는 존재로서의 영혼을 가진 생명체가 본능에 가까운 행위라는 말이 이 시를 읽으면서 가슴에 와닿는다.

내면에 아로새겨진 존재의 의미가 내포되어 있는 이 시는 사유(思惟)의 연속성을 통하여 자유와 위안을 상징적으로 그려내면서 바람의 이미지로 불안과 슬픔을 초월하려는 시인의 마음이 담겨있는 발상이 뛰어난 작품이라 할 수 있다.

시인은 바람을 통하여 '없는 길도 만들어내고' '우울의 언덕을 넘어가며' '슬픔을 스치고' 등의 지나가는 존재로서의 자신을 상상하면서 어디에나 닿을 수 있는 바람의 유연함과 자유로움을 통해 삶의 무거운 감정을 가볍게 흘려보내고자 하는 염원을 드러내고 있다.

시인의 강한 생명력과 삶을 대하는 굳건한 의지를 엿볼 수 있는 '바람이 천개의 슬픔을 마주해도 어느 곳이든 닿을 수 있다'는 구절에서 어떠한 고통이 다가온다고 하더라도 바람처럼 흘려보내면서 얽매이지 않고 자유로운 영혼의 소유자가 되겠다는 시인의 의지가 은유적으로 드러나고 있다.

워즈워드의 시의 안에는 사상은 영양가처럼 담겨있어야 한다는 말이 떠오르는 시적 체계 갖춤이 빼어난 작품이라고 할 수 있다.

지금까지 이번 시집 『흔들리다 끝날까 봐 겁이 납니다』에 실린 수많은 작품 중, 시인이 선택한 시를 중심으로 해설하면서 느낀 것은 수없이 흔들리며 살고 있는 현실에서 바람처럼 홀홀 털어버리면서 자유로움의 영혼으로 살고 싶다는 시인의 간절한 염원이 담겨 있는 것을 알 수 있었다.

이 시집을 해설하면서 아마도 독자들이 처음부터 끝까지 시인과 마음을 함께 하지 않을까 하는 생각이 든 것은 불안과 상실, 고독 등의 감정을 시어로 섬세하게 표현하면서도 그 과정에서 느끼는 성장과 평온에 대한 희망을 그려내고 있고, 흔들리는 삶

속에서도 균형을 잡으려는 노력, 삶과 죽음, 고통과 희망을 아우르며 내면의 평온을 찾고자 하는 바람이 해설하는 내내 시인의 마음에 와닿았기 때문이었다.

시인이 일상 속 작은 순간들을 통해 삶의 의미를 발견하려 노력하고 있는 것처럼 루트 번스타인은 그의 저서 『생각의 탄생』에서 창의적 사고의 첫 번째로 꼽는 과정이 관찰이라고 하였다.

이 시집에서도 시인은 일상적인 장면들을 세밀하게 관찰하면서 상징적으로 삶의 본질에 다가가려는 사유를 청각, 촉각, 시각, 후각적인 오감을 적극 활용함으로써 독자들로 하여금 시에 몰입할 수 있도록 동참시키고 있는 것을 알 수 있다.

언어를 가진 인간이 위대해진 것은 비유를 사용하기 때문이라고 본다. 시가 한 척의 배라면 비유는 부력이라고 할 수 있을 것이다.

비유가 쉼 없이 사유하는 가운데 탄생하는 창작물이라고 한다면 눈만 뜨면 사유하며 비유하는 습관이 몸에 밴 시인들을 창작의 달인이라고 불러도 무방할 것 같다. 이런 점에서 쉼 없이 사유하고 있는 안인숙 시인의 시집을 만날 수 있다는 것은 여간 행복한 일이 아닐 수 없다.

21세기 한국 현대시의 현장에는 전통적 서정시, 주지시, 초현실주의시, 사물시, 사회적 이념의 시, 그리고 다양한 이미지의 집합적 결합을 방법론으로 삼고 있는 하이퍼 시 등의 여러 경향의 시가 공존하고 있는 시들 중에서 어떤 시가 좋은 시인지의 판별은 독자의 판별에 따라 다르겠지만 독자들의 시적인 미관과 상징의 비유를 향유할 수 있음과 동시에 소통할 수 있는 시가 좋은 시가 아닌가 하는 관점에서 본다면 안인숙 시인의 시야말로 이 조건에 부합하고 있지 않나 생각된다.

흔들림에서 시작하여 자유로운 영혼이 되기까지의 여정을 함께 사유할 수 있다면 이번 시집 「흔들리다 끝날까 봐 겁이 납니다」는 안인숙 시인의 개인 시집이 아니라 이 시집을 대하는 독자들의 시집이 될 것 같다는 생각이 든다.

흔들리지 않고 피는 꽃이 이 세상에 어디 있으랴는 시인 도종환의 시에서처럼 흔들려야 향기로운 꽃이 피어날 수 있고 또한 호수나 하늘도 흔들려야 흔들림이 멈췄을 때 거울처럼 맑은 호수가 되고 티 없이 맑은 하늘이 되는 것처럼 이번 시집 또한 흔들림으로부터 시작하여 생명체의 본질에 쉼 없이 섬세한 사유로 다가가고 있기 때문에 이 시집을 마주하는 독자들의 마음에 잔잔한 감동으로 물결쳐갈 것 같다.

흔들리다 끝날까 봐 겁이납니다
I'm afraid that if I keep wavering, it's all over

초판 1쇄 발행_2024년 12월 20일

지은이_ 안인숙

발행처_ 오송숲

표지 디자인과 사진 _ 안인숙

출판등록_ 2020년 9월 17일 제573-2020-000027호

E-mail : osongtree@naver.com

ISBN 979-11-985399-3-9(03810)

값 15,000 원

* 잘못 인쇄된 책은 교환해 드립니다.

이 책은 저작권법에 따라 보호를 받는 저작물이므로 무단 전재와 무단 복제를 금하며, 이 책 내용의 전부 또는 일부를 사용하려면 반드시 저작권자와 오송숲의 서면 동의를 받아야 합니다.